Ernestine Fittkau

Löffel-Figuren rund ums Jahr

Creativ Compact

CHRISTOPHORUS

Inhalt

3 Neues vom Kochlöffel

4 Hinweise & Tipps

6 Das blaue Wunder

8 Frühlingsboten

10 Lustige Osterhasen

12 Geburtstagsständchen

14 Hängekränzchen

16 Muttertagsherz

18 Willkommen!

20 Heiß auf Eis

22 Postkarten-Boy

24 Kaminfreunde

26 Laternenkinder

28 Sterntaler

30 Wichtel-Adventskalender

Neues vom Kochlöffel

Der gute alte Kochlöffel erscheint seit kurzem in neuem Gewand. Mit ein wenig Papier, Filz und Deko-Material lassen sich aus einfachen Kochlöffeln witzige und fantasievolle Dekorationen und Geschenke basteln, die gleichzeitig noch eine Funktion haben. So hält ein „blaues Wunder" wichtige Notizen fest und ein pfiffiger „Postkarten-Boy" bewahrt alle Urlaubsgrüße auf. Krokus, Tulpe und Schneeglöckchen schmücken als Pflanzenstecker die Fensterbank. Lustige Osterhasen verstecken sich hinter kleinen Tontopf-Eierbechern und im Herbst zieren Laternenkinder den Eingangsbereich. Kleine Wichtel verkürzen mit ihren bunten Päckchen und Säckchen die Zeit bis Weihnachten und zum Geburtstag gratulieren lustige Figuren in Reihenschnitt-Technik. Zwei „Kaminfreunde" halten Zündhölzer bereit und ein „Sterntaler" lädt zur Märchenstunde im Kerzenlicht ein. Also eine Fülle an liebenswerten Figuren, die das ganze Jahr über Freude bereiten!

Viel Freude beim Basteln
wünscht Ihnen

Ernestine Fittkau

Hinweise & Tipps

Kochlöffel

Die Abbildung unten zeigt die verschiedenen Formen und Größen der Holzkochlöffel, die in diesem Buch verwendet werden. Sie sind von 1 bis 7 durchnummeriert. Bei den Einzelbeschreibungen ist die Nummer des verarbeiteten Kochlöffels angegeben.
Im Handel werden die Kochlöffel nach ihrer Gesamtlänge gelistet, sie spielt bei der Gestaltung der Figuren jedoch keine Rolle. Passen Sie die Vorlagen Ihren Kochlöffeln an, z. B. indem Sie die Vorlage mit dem Fotokopierer verkleinern bzw. vergrößern.

Bitte beachten Sie: Die Größen und Formen der Kochlöffel variieren je nach Hersteller. Selbst die Löffel einer Größe desselben Herstellers können unterschiedlich ausfallen und bis zu 5 mm größer oder kleiner sein. Unsere Angaben sind daher nur Richtwerte.

Die Abbildung zeigt folgende Löffel:

- Nr. 1: Pfannenwender, ca. 42 mm breit; Gesamtlänge etwa 25 cm
- Nr. 2: runde Schale, ca. 67 mm breit, Gesamtlänge etwa 40 cm
- Nr. 3: runde Schale, ca. 60 mm breit, Gesamtlänge etwa 35 cm
- Nr. 4: runde Schale, ca. 53 mm breit, Gesamtlänge etwa 32 cm
- Nr. 5: runde Schale, ca. 47 mm breit, Gesamtlänge etwa 28 cm
- Nr. 6: runde Schale, ca. 38 mm breit, Gesamtlänge etwa 20 cm
- Nr. 7: Raclette-Kratzer, ca. 40 mm breit, Gesamtlänge etwa 13 cm

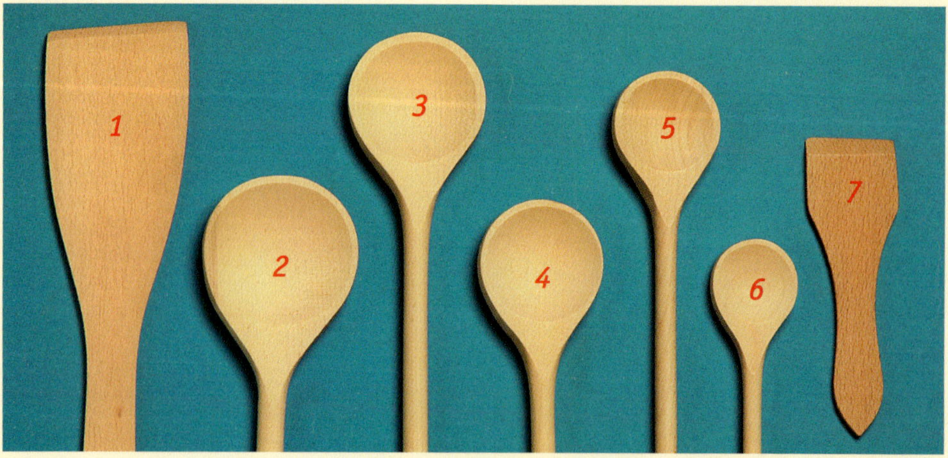

Vorlagen übertragen

Bei Kochlöffeln die Gesichter mit Bleistift frei vorzeichnen, die Vorlage dient zur Orientierung. Die Linien und Punkte mit Acrylfarben bzw. Gelstiften nachmalen (s. unten).
Bei Papier *Kohlepapier* zwischen Vorlage und Werkmaterial legen und das Motiv mit Bleistift durchpausen.
Zum Übertragen auf Filz oder Moosgummi eine Kartonschablone herstellen: *Transparentpapier* auf das Motiv legen, die Linien nachzeichnen. Das Papier mit *Klebestift* flächig auf dünnen *Karton* kleben und ausschneiden. Die Schablone auf das Werkmaterial legen und mit einem *schwarzen Filzstift* umfahren. Bei dunklem Filz einen *weißen Buntstift* verwenden.

Tipps für die Bemalung

Für die Gestaltung der Gesichter eignen sich *Acrylfarben*, z. B. von C. Kreul, die mit dünnen Haarpinseln aufgemalt werden. Wer sich unsicher im Umgang mit Pinseln ist, benutzt zum Zeichnen von Augen, Nase und Mund einen *Gelstift* oder einen *dokumentenechten Filzstift*. Normale Filzstifte sind ungeeignet, da sie auf der Holzoberfläche verlaufen. Das Gesicht mit *Bleistift* vorzeichnen. Bleistiftlinien lassen sich auch wieder wegradieren.
Für punktförmige Muster oder Augenpunkte kann Acrylfarbe am besten mit dem flachen Ende eines *Schaschlikspießes* aufgetupft werden. Bei kleinen weißen Glanzpunkten das spitze Ende benutzen. Für Glanzpunkte kann auch ein *weißer Gelstift* verwendet werden, er funktioniert aber nur auf trockenem Untergrund.
Zum Aufmalen der Wangen eignet sich ein *roter Buntstift*. Einen Punkt aufmalen und mit angefeuchtetem Zeigefinger vorsichtig verwischen.

Draht verarbeiten

Draht lässt sich mit einem *Seitenschneider* schneiden. Zum Aufrollen von schneckenförmigen Spiralen wird eine *Rundzange* benötigt.
Dünnere Drähte wie Silberdraht können schnell und einfach mit *Klebefilm* fixiert werden.

Weitere Materialien & Hilfsmittel

Papierschere, Zierrandscheren; Pinsel (Nr. 2, 4, 8, 12); Lineal; Heißklebepistole, Alleskleber, z. B. UHU alleskleber kraft; Radiergummi.

Das blaue Wunder

Material

Figur

- Kochlöffel Nr. 2, s. Seite 4
- 6 Holzperlen in verschiedenen Farben, 15 mm Ø
- Holzfuß für einen Fensterbaum
- Märchenwolle in Blau
- Satinband in Rot, 4 mm breit
- Hutgummi
- Aluminiumdraht, 2 mm Ø
- Acrylfarbe in Weiß, Ultramarinblau
- Gelstift in Schwarz
- Buntstift in Rot

Memo-Zettel

- Reste von Tonpapier oder Tonkarton
- Bürolocher
- Zierrandscheren

Vorlage A

1 Löffelstiel und Fensterbaum-Holzfuß blau streichen und trocknen lassen. Das Gesicht der Vorlage entsprechend auf den Löffel aufmalen (s. Tipps Seite 5).

2 Die Holzperlen auf Hutgummi fädeln, zur Kette zusammenbinden und über den Löffelstiel streifen. Die Enden des Hutgummis hinten am Löffel festkleben.

3 Für die Drahtlocken fünf etwa 10 cm lange Aludrähte mit der Rundzange locker schneckenförmig biegen und mit Heißkleber an die Rückseite des Löffels kleben.

4 Aus Märchenwolle einen ca. 20 cm langen Zopf flechten und quer auf die Rückseite kleben. Die Zopfenden mit Satinband abbinden und mit der Schere begradigen. Als Stirnhaare gezupfte Märchenwolle hinten ankleben und nach vorn ziehen.

5 Zur Abdeckung der Rückseite ein ovales Stück Tonkarton in Größe der Löffelschale aufkleben.

6 Drei 25 bis 30 cm lange Aludrähte sehr fest um den Löffelstiel wickeln. Die Enden mit der Rundzange zu kleinen Haken biegen und die Drähte eventuell mit Heißkleber am Holz fixieren.

7 Memo-Zettel aus Tonpapier oder Tonkarton mit Zierrandscheren zuschneiden, mit dem Bürolocher lochen und an die Haken hängen.

Roller-Fahrprüfung
Do 10^{00} h
Cello
Mo 16^{00} h
Holzperlen
Filz
Elternabend
Mo 20^{00} h
Susanne anrufen
MEHL
ZUCKER
Pelikan Script

Frühlingsboten

Material

Für jedes Motiv

- Kochlöffel Nr. 5, s. Seite 4
- Gelstift in Schwarz

Schneeglöckchen

- Reste von geprägtem Tonkarton in Weiß, Gelb, Rot
- Filz in Weiß, Grün
- Chenilledraht in Grün
- Bast in Rot
- Silberdraht, 0,3 mm Ø
- Acrylfarbe in Weiß, Rot, Grün
- Buntstift in Rot
- Motivlocher:
  - „Herz“, klein
  - „Blüte“, klein
- Zierrandschere
- Spitze Nadel

Krokus

- Reste von geprägtem Tonkarton in Orange
- Filz in Gelb, Grün
- Chenilledraht in Grün
- Märchenwolle in Grün
- 2 Holzperlen in Grün, 10 mm Ø
- Holz-Marienkäfer
- Gelstifte in Weiß, Rot
- Buntstift in Rot
- Motivlocher: „Kleeblatt“, groß
- Zierrandschere

Tulpe

- Filz in Rot, Grün
- Feenhaar in Gelb
- 2 Holzperlen in Rot, 5 mm Ø
- Silberdraht, 0,3 mm Ø
- Acrylfarben in Weiß, Gelb, Rot, Grün

Vorlagen
B1 – B3

Schneeglöckchen

Die Löffelschale weiß, den Stiel grün bemalen und trocknen lassen. Das Gesicht ausgestalten (s. Tipps Seite 5). Blütenblätter, Schal und Käppchen aus Filz schneiden. Die Blütenblätter am Ansatz um den Stiel kleben. Das Käppchen und einen 60 mm langen Stiel aus Chenilledraht aufkleben, dabei etwas Bast als Haare mit einlegen. Gestanzte Herzen aufkleben und Filzschal umbinden. Das Schild mit der Zierrandschere ausschneiden und beschriften. Blüte aufkleben. Löcher stechen und das Schild mit Draht festbinden.

Krokus

Das Gesicht auf den Löffel malen. Alle Teile aus Filz ausschneiden. Einen 26 cm langen Chenilledraht als Stängel s-förmig biegen. Am oberen Ende eine Holzperle aufstecken und 3 cm weit aufschieben. Hier drei Blütenblätter ankleben und diese auch am Löffel fixieren, dabei Märchenwolle als Haare mit einlegen. Blütenform auf der Rückseite ergänzen. An das andere Ende des Stängels eine Holzperle stecken und den Stängel mithilfe des Filzschals am Löffelstiel befestigen. Mit Blatt, Kleeblatt und Marienkäfer verzieren.

Tulpe

Die Löffelschale gelb, den Stiel grün streichen und trocknen lassen. Das Gesicht ausgestalten. Augen, Nase und Wangen mit dem flachen Ende des Schaschlikspießes auftupfen. Teile aus Filz ausschneiden. Blütenblätter mit Silberdraht um den Stiel binden. An den Drahtenden jeweils eine Holzperle auffädeln. Feenhaar fixieren. Blätter an den Stiel kleben.

Hallo
Frühling

Lustige Osterhasen

Material

- 3 Kochlöffel Nr. 7, s. Seite 4
- Geprägter Tonkarton in Gelb, Orange, Rot, Grün
- 3 kleine Tontöpfe, ca. 45 mm Ø
- Filz in Gelb, Grün
- Bast in Orange, Rot
- Feenhaar in Grün
- Holz-Marienkäfer
- Silberdraht, 0,3 mm Ø
- Acrylfarben in Gelb, Orange
- Gelstift in Schwarz
- Buntstift in Rot
- Motivlocher, z. B.:
  - „Blüte“, klein
  - „Margerite“, klein
  - „Kleeblatt“, groß
- Bürolocher
- Cutter

Vorlagen
C1 – C3

1 Die Ohren und die großen Blüten für die Tontöpfe nach den Vorlagen aus Tonkarton ausschneiden. *Achtung:* Den Blütenausschnitt eventuell dem Tontopf Ihrer Wahl anpassen! Ziermotive mit Lochern ausstanzen.

2 Die Gesichter mit Gel- und Buntstift auf die Spatel malen (s. Tipps Seite 5), Locherpunkte als Nasen aufkleben.

3 Die Ohren an den Spatelrückseiten festkleben. Für die Haare jeweils Bast oder Feenhaar bündeln und in der Mitte mit Silberdraht abbinden. Auf die Spatel kleben und mit gestanzten Motiven schmücken.

4 Die Tontöpfchen mit aufgemalten Punkten verzieren oder mit gestanzten Motiven bekleben. Die großen Blütenformen auf die Ränder kleben. Stanzmotive anbringen.

5 Filzschals bzw. beim mittleren Hasen den Papierschal anbringen und ausgestalten.

Tipp

Die lustigen Hasen mit ihren Töpfchen sind auch nach Ostern aktuell, z. B. als Utensilo für kleine Bunt- und Bleistifte oder für Büroklammern.

ROBIN

Geburtstags-ständchen

Material

- 3 Kochlöffel Nr. 7, s. Seite 4
- Geprägter Tonkarton in Gelb, Orange, Rot, Grün
- Wellpappe in Grün
- Bast in Gelb, Orange, Rot
- Holzperlen in Gelb, 5 mm Ø
- Hutgummi
- Holz-Tulpen in Rot
- Silberdraht, 0,3 mm Ø
- Gelstifte in Weiß, Schwarz
- Buntstift in Rot
- Motivlocher:
  - „Herz", groß
  - „Kreis", groß
- Zierrandschere

Vorlage D

Anleitung Seite 14

Hängekränzchen

Material

- 5 Kochlöffel Nr. 6, s. Seite 4
- Geprägter Tonkarton in Gelb, Orange, Rot, Grün, Blau (Rest)
- Gemusterter Bastelkarton in Blau-Weiß
- Bast in Gelb, Orange, Rot
- Pompons in Rot, 10 mm Ø
- Satinband in Rot, 4 mm breit, ca. 4 m lang
- Kleine Holzperlen, Holzoliven, Holzlinsen und Doppelkegel in Orange, Rot
- Silberdraht, 0,3 mm Ø
- Acrylfarben in Gelb, Orange, Rot
- Gelstift in Schwarz
- Buntstift in Rot
- Motivlocher, z. B.:
  - „Herz", groß
  - „Kleeblatt", groß
  - „Kreis", groß

Vorlage E

1 Augen und Mund mit Gelstift auf die Löffel malen (s. Tipps Seite 5). Die Farbpunkte an den Mundwinkeln und die Nasen mit dem flachen Ende des Schaschlikspießes auftupfen. Wangen mit Buntstift andeuten.

2 Für die Haare 7 cm lange Bastfäden bündeln, in der Mitte mit Silberdraht abbinden und aufkleben. Blüten nach der Vorlage ausschneiden und auf die Rückseite kleben.

3 Die Löffel mit Satinbändern zu einem Fünfeck zusammenbinden. An jeden Knotenpunkt ein etwa 40 cm langes Band anknoten, drei Holzperlen auffädeln, die fünf Bänder oben zusammennehmen und verknoten.

4 Weitere Bänder mit Blüten versehen und jeweils in der Mitte der Löffelstiele anknüpfen.

Geburtstagsständchen

Abbildung & Materialangaben Seite 12/13

Alle Teile ausschneiden, die Arme wie einen Reihenschnitt aus gefaltetem Tonkarton. Für die Wiese einen Streifen Wellpappe, 3,5 x 27 cm, ziehharmonikaartig falten. Die Gesichter auf die Spatel malen. Die Haare aus Bast und Tonkarton der Abbildung entsprechend anbringen. Die Arme auf die Vorderseiten der Löffel, die Wiese auf die Rückseiten kleben. Darauf achten, dass der Reihenschnitt gut steht. Füße aufkleben und die Figuren ausgestalten, z. B. mit gestanzten Herzen, einem Papierknopf, einer Rocktasche und einer kleinen Holzperlenkette. Holz-Tulpen auf die Wiese kleben.

Muttertagsherz

Material

- Kochlöffel Nr. 5, s. Seite 4
- Geprägter Tonkarton in Gelb, Orange, Rot, Grün, Blau
- Märchenwolle in Orange
- Satinband in Gelb, 4 mm breit
- Evtl. Rest einer Floristik-Girlande
- Holz-Marienkäfer
- Gestreifter Stoffrest in Rot-Weiß
- Klebekissen
- Silberdraht, 0,3 mm Ø
- Acrylfarben in Weiß, Blau
- Gelstift in Schwarz
- Buntstift in Rot
- Motivlocher:
  - „Herz", groß
  - „Margerite", klein
- Spitze Nadel

Vorlage F

1 Nase und Mund mit Gelstift aufmalen. Die blauen Augen mit dem flachen Ende eines Schaschlikspießes und nach dem Trocknen die weißen Glanzpunkte mit der Spitze des Spießes setzen. Wangen mit Buntstift andeuten (s. Seite 5).

2 Haare aus Tonkarton ausschneiden. Märchenwolle mittig mit Draht abbinden und den Draht mit Klebefilm auf der Rückseite des Löffels fixieren. Die Haare aus Tonkarton darüber kleben und Schleifchen anbringen.

3 Herzen aus Tonkarton ausschneiden bzw. ausstanzen und am Löffel befestigen. Das große Herz mit Herzkarte und Stanzherzen verzieren, die Teile mit Klebekissen befestigen. Mittelgroße Herzen dekorieren, auf Draht fädeln und mit Klebefilm hinten am großen Herz fixieren. Schal umbinden.

Willkommen!

Abbildung & Materialangaben Seite 18

Den Löffelstiel rot streichen und trocknen lassen. Mit dem flachen Ende des Schaschlikspießes schwarze Punkte auftupfen. Das Gesicht aufmalen. Die Stirnkappe aus Tonkarton sowie die Fühler aus Chenilledraht aufkleben. Holzperlen aufstecken. Jeweils vier Karten, 5 x 4 cm in Grün und 4 x 3,5 cm in Rot, ausschneiden und aufeinander kleben. Buchstaben aufkleben. Silberdrähte um den Löffelstiel legen und mit Klebefilm auf die Kartenrückseiten kleben. Herzen und Käfer anbringen. Für die Aufhängung Silberdraht am Stiel befestigen und ausbalancieren. Den Draht mit Herzen, Käfern und Blüte dekorieren. Filzschal umbinden.

Alles Liebe
Gutschein 3x für Blumen gießen

Willkommen!

Material

- Kochlöffel Nr. 3, s. Seite 4
- Geprägter Tonkarton in Gelb, Rot, Grün, Schwarz
- Filz in Grün
- Chenilledraht in Schwarz
- 2 Holzperlen in Rot, 5 mm Ø
- Holz-Marienkäfer
- Buchstaben aus Moosgummi in Gelb, Grün
- Klebekissen
- Silberdraht, 0,6 mm Ø
- Acrylfarben in Rot, Schwarz
- Gelstift in Schwarz
- Buntstift in Rot
- Motivlocher:
  - „Herz“, groß
  - „Blüte“, groß, klein

Vorlage G

Anleitung Seite 16

Tipp: Die kleinen Herzen mit Klebekissen auf die großen kleben.

LL
KO
MM
EN

Heiß auf Eis!

Material

- 2 Kochlöffel Nr. 6, s. Seite 4
- Geprägter Tonkarton in Gelb, Orange, Rot, Grün, Blau
- 2 verzinkte Eistüten, ca. 150 mm lang, ca. 45 mm Ø
- Feenhaar in Gelb, Orange
- Bast in Natur
- Watte
- Silberdraht, 0,3 mm Ø
- Acrylfarben in Gelb, Rot
- Gelstifte in Rot, Schwarz
- Buntstift in Rot
- Motivlocher: „Sonne“, groß
- Zierrandschere
- Spitze Nadel

Vorlagen
H1 – H2

1 Augen und Mund mit Gelstiften aufmalen. Die Farbpunkte für Nasen und Bäckchen mit dem flachen Ende eines Schaschlikspießes setzen. Mit dem Buntstift Wangen andeuten (s. Tipps Seite 5).

2 Motive nach den Vorlagen aus Tonkarton ausschneiden, kleine Sonnen ausstanzen. Die Teile der Abbildung entsprechend ankleben. Die Schilder mit Silberdraht um den Stiel binden.

3 Für die Haare Feenhaar in der Mitte mit Silberdraht abbinden und den Draht an die Löffelrückseite kleben.

4 In die Spitzen der verzinkten Eistüten etwas Watte stopfen und die Kochlöffel fest hineindrücken, sodass sie einen guten Halt haben.

5 Die Eiskugeln aneinander kleben und mit Klebefilm in den Tüten fixieren. Ausgestanzte Sonnen aufkleben, eventuell eine Bastschleife anbringen.

Tipp

Die Eistüten können als Einladungs- oder Tischkarten verwendet werden oder dienen als Geschenk-Gutscheine.

Heiß auf Eis
Beach - Party

Postkarten-Boy

Material

- Kochlöffel Nr. 1, s. Seite 4
- Raclettebrettchen oder Sperrholz, 6 mm, ca. 105 x 80 mm
- Je 1 Holzwürfel in Gelb, Orange, Rot, 10 x 10 x 10 mm
- Geprägter Tonkarton in Hautfarbe, Gelb, Orange, Rot
- Rest von gestreiftem Bastelkarton in Rot-Weiß
- Zeitungspapier
- Bast in Natur
- Gestreifter Stoffrest in Rot-Weiß
- Motivlocher: „Kreis", mittelgroß
- Acrylfarben in Grün, Blau, Schwarz
- Gelstift in Schwarz
- Buntstift in Rot

Vorlage I

1 Mit Acrylfarben Hose und Gürtel auf den Pfannenwender malen und das Brettchen grün streichen.

2 Kopf, Haare, Arme und Briefumschläge nach den Vorlagen aus Tonkarton ausschneiden. Kreise für die Knöpfe ausstanzen. Das Gesicht auf den Kopf malen.

3 Für das Hütchen ein Rechteck, 6 x 4,5 cm, aus Zeitungspapier schneiden. Das Rechteck quer hinlegen. Die beiden oberen Ecken zur Mittellinie falten und die unteren Ecken nach oben klappen, festkleben.

4 Die Figur der Abbildung entsprechend ausgestalten. Beim Aufkleben des Hütchens ein paar Bastfäden als Stirnhaare mit einlegen.

5 Drei Klötzchen auf das Brettchen kleben und den Postkarten-Boy mit Heißkleber an der hinteren Kante festkleben. *Tipp:* Die Verbindung zusätzlich mit kleinen Nägeln sichern.

nehmen. Die beiden Söhne Liam
und Joel (1) sind in einer Klinik
Brüssel entstanden.

Kaminfreunde

Material

- 2 Kochlöffel Nr. 7, s. Seite 4
- Geprägter Tonkarton in Gelb, Orange, Rot, Grün, Schwarz (teilweise genügen Reste)
- Chenilledraht in Gelb, Orange, Grün
- Pompons in Rot, Schwarz, 10 mm Ø
- Bast in Natur, Orange
- 2 Holz-Bausteine in Natur, 50 x 50 x 25 mm
- Acrylfarben in Weiß, Orange, Rot
- Gelstift in Schwarz
- Buntstift in Rot
- Motivlocher:
  - „Tanne", klein
  - „Ilexzweig", klein
  - „Kreis", mittelgroß

Vorlagen
J1 – J2

1 Spatel und Holz-Bausteine mit Acrylfarben streichen und gut trocknen lassen.

2 Augen und Mund mit Gelstift, die Wangen mit Buntstift aufmalen (s. Tipps Seite 5). Nasen aus Tonkarton schneiden bzw. stanzen und fixieren.

3 Basthaare, Mützen und Pompons aufkleben. Schals aus Chenilledraht umbinden.

4 Die Figuren an die Holz-Bausteine kleben und deren Vorderseiten mit gestanzten Motiven verzieren.

MEGA Bit
MEGA Sound
MEGA Power
MEGA View
MEGA Film
MEGA Lux

Laternenkinder

Material

- 2 Kochlöffel Nr. 2, s. Seite 4
- Geprägter Tonkarton in Gelb, Rot, Grün
- Moosgummi in Orange, Rot, Hellgrün, Blau
- Stanz-Moosgummischeiben in Rot, Grün, 12 und 18 mm Ø
- Filz in Gelb, Orange, Rot, Blau (teilweise genügen Reste)
- Pompons in Weiß, Rot, 10 mm Ø
- Chenilledraht in Grün, Blau, ca. 25 cm lang
- Bast in Natur
- 4 Holzperlen in Rot, 12 mm Ø
- 2 Holzperlen in Grün, 8 mm Ø
- 2 Rundhölzer, 3 mm Ø, je 15 cm lang
- Geglühter Draht, 0,8 mm Ø
- Silberdraht, 0,3 mm Ø
- Leerer Teelichtbehälter
- Acrylfarbe in Rot
- Gelstift in Schwarz
- Buntstift in Rot
- Motivlocher:
  - „Tanne“
  - „Nikolaus“, klein
- Zierrandschere
- Spitze Nadel

Vorlagen
K1 – K2

1 Die Gesichter mit Gelstift auf die Kochlöffel malen (s. Tipps Seite 5). Rote Farbpunkte als Nase oder Bäckchen mit dem flachen Ende eines Schaschlikspießes auftupfen. Mit Buntstift Wangen andeuten.

2 Haare aus Bast anfertigen: Für die linke Figur Bast bündeln und in der Mitte mit Silberdraht abbinden. Für die rechte Figur zwei Zöpfe aus vier Bastfäden mit Filz abbinden. Haare an die Löffelrückseiten kleben. Bast für die Stirnhaare bündeln und vorn aufkleben.

3 Für jede Mütze Filz von 20 x 9 cm zuschneiden, eine lange Kante mit der Zackenschere nachschneiden. Die Filzstreifen dem Kopfumfang entsprechend zur Mütze zusammenkleben und oben mit Silberdraht abbinden. Mit einer Filzbordüre und Pompons verzieren.

4 Die Mäntel nach der Vorlage aus Moosgummi ausschneiden. Die Löffel einstecken. Chenilledraht als Arme um den Stiel wickeln und durch die Armausschnitte stecken. Holzperlen als Hände anbringen. Ärmel auf die Mäntel kleben. Knöpfe und Taschen anbringen und die Mäntel seitlich zusammenkleben. Filzschals umbinden und mit Pompons verzieren.

5 Für die *runde Laterne* Tonkarton, 14 x 5 cm, zuschneiden und in regelmäßigen Abständen Motive herausstanzen. Den Streifen um einen Teelichtbehälter kleben. Für die kleine *Kastenlaterne* einen Tonkartonstreifen von 17 x 5 cm in Abständen von 4 cm jeweils quer falzen. Aus jedem der vier Felder ein Motiv mittig herausstanzen, mit rotem Tonkarton hinterkleben. Die Laterne zusammenfügen. Bei beiden Laternen Löcher vorstechen, Bügel aus Draht anbringen und den Holzstab samt aufgesteckter Holzperle befestigen. Stab in den Armausschnitt stecken und im Mantel fixieren.

Sterntaler

Material

- Kochlöffel Nr. 4, s. Seite 4
- Ovales Holzbrettchen, ca. 12 x 16 cm
- Geprägter Tonkarton in Gelb
- Feenhaar in Silber
- Teelicht
- Silberdraht, 0,3 mm Ø
- Acrylfarben in Gelb, Blau
- Gelstifte in Weiß, Schwarz
- Buntstift in Rot
- Motivlocher: „Stern“, groß
- Bohrmaschine und Holzbohrer (in Stärke des Kochlöffelstiels)
- Cutter

Vorlage L

1 Mit dem Bohrer ein Loch in Stärke des Löffelstiels in das Holzbrettchen bohren.

2 Den Löffelstiel gelb, das Holzbrettchen blau streichen und trocknen lassen. Danach das Gesicht auf den Löffel malen (s. Tipps Seite 5).

3 Alle großen Sterne nach den Vorlagen aus Tonkarton ausschneiden, die kleinen Sterne mit dem Motivlocher ausstanzen. Die Innenausschnitte der Tischlichter-Sterne mit dem Cutter ausführen. Für die Stirnlocke einen 3 mm breiten Tonkartonstreifen über die Scherenkante ziehen und aufrollen.

4 Die beiden größten Sterne versetzt aufeinander kleben und zusammen mit Feenhaar auf der Löffelrückseite befestigen. Die Stirnlocke aus Tonkarton fixieren.

5 Jeweils zwei kleine gestanzte Sterne deckungsgleich aufeinander kleben und dabei einen 10 cm langen Silberdraht einlegen. Am Kopf und am Löffelstiel festkleben.

6 Die Tischlichter-Sterne versetzt aufeinander kleben, das Teelicht einstecken und auf das Holzbrettchen setzen. Einzelne Stanzsterne aufkleben.

Das
große
Märchen-
buch

Wichtel-Adventskalender

Material

- Kochlöffel Nr. 4, s. Seite 4
- 2 Kochlöffel Nr. 6, s. Seite 4
- 3 Holzfüße für Fensterbäume
- Geprägter Tonkarton in Gelb, Orange, Rot, Grün, Blau (Rest)
- Krepppapier in Gelb, Orange, Rot, Grün
- Filz in Gelb, Orange, Pink, Rot, Grün, Blau
- 2 Pompons in Gelb, Grün, 10 mm Ø
- Pompon in Rot, 20 mm Ø
- Paketschnur
- Goldkordel
- 5 kleine Nägel
- Acrylfarben in Gelb, Orange, Rot, Grün
- Gelstift in Schwarz
- Motivlocher, z. B.:
  - „Ilexzweig", klein
  - „Herz", klein
  - „Tanne", klein
  - „Stern", groß
- Bürolocher
- Vorstecher
- Kleiner Hammer

Vorlagen
M1 – M3

1 Fünf kleine Nägel in gleichmäßigen Abständen in den Stiel des großen Kochlöffels einschlagen. Vorher die Löcher anzeichnen und vorstechen (oder mit einem entsprechenden Bohrer vorbohren).

2 Die Löffelstiele und die Fensterbaum-Holzfüße streichen, trocknen lassen. Die Gesichter ausgestalten (s. Tipps Seite 5). Wangen- und Nasenpunkte entweder aufmalen oder gestanzte Papierpunkte aufkleben.

3 Die Gewänder nach den Vorlagen aus Tonkarton ausschneiden und an die Löffelstiele kleben. Motive zur Verzierung mit Motivlochern ausstanzen und aufkleben.

4 Für die Haare Paketschnur bündeln, zu Zöpfen binden oder offen lassen und mit Heißkleber seitlich an die Löffelschalen kleben. Die Mützen nach den Vorlagen aus Filz schneiden und zusammenkleben. Ihre Zipfel mit Pompons verzieren. Filzschals umbinden.

5 Die Löffelstiele mit Heißkleber in den Ständern befestigen.

6 Filzsäckchen zusammenkleben, füllen und mit Paketschnur zubinden. Mit Überraschungen gefüllte Streichholzschachteln usw. mit Krepppapier einpacken und mit Goldkordeln verschnüren. An den Wichteln befestigen bzw. um die Ständer legen. Die einzelnen Säckchen und Päckchen mit nummerierten Stanzsternen bekleben.

24
17
12
3
2
8
20
1
6
5
7

Impressum

ISBN 3-419-56596-8

Lektorat und Produktion:
Elke Fox, Freiburg

Styling und Fotos:
Christoph Schmotz, Freiburg

Layoutentwurf:
Network!, München

Coverrealisierung:
smp, Freiburg

Druck:
Freiburger Graphische Betriebe

Wir sind für Sie da, wenn Sie Fragen haben.
Und wir interessieren uns für Ihre eigenen Ideen und Anregungen.
Schreiben Sie uns, wir hören gern von Ihnen!
Ihr Christophorus-Team

Verlag Herder GmbH
Christophorus-Verlag
Hermann-Herder-Str. 4
79104 Freiburg
Tel.: 0761/2717-0
Fax: 0761/2717-352
e-mail:
info@christophorus-verlag.de
www.christophorus-verlag.de

Weitere Titel aus dieser Reihe

3-419-56573-9

3-419-56574-7

3-419-56535-6

3-419-56534-8

3-419-56512-7

3-419-56541-0